LAS LE

# Un mundo lejano

P.O. Box 6 - Recanati - Italia
Tel. +39/071/75 07 01 - Fax +39/071/97 78 51 - www.elionline.com

Historia de Maria Luisa Banfi
Ilustraciones de Alfredo Belli
Versión española de Pablo Acebron Tolosa



Impreso en Italia - Tecnostampa - Loreto 02.83.249.0

ISBN 88-8148-811-6

# En el nuevo instituto

Marquat tiene 14 años y nació en Barcelona. Sus padres son de un país africano y viven en España desde hace muchos años.
Hoy es un día importante para Marquat: es su primer día en el instituto.
Las clases empiezan hoy a las nueve y no a las ocho. ¡Qué suerte!
De hecho, antes tiene que acompañar a sus hermanas, a una a la guardería, y a la otra al colegio.
Su madre ha sido muy clara:
"Puedes seguir yendo a clase... pero tienes que ayudar en casa."
¡No es una novedad! Marquat siempre ayuda en casa, y en verano también trabaja. Este verano ha trabajado en el mismo supermercado donde trabaja su padre.

**instituto:** centro educativo para los chicos de 14 a 18 años
**guardería:** escuela para los niños de 3 a 5 años
**colegio:** centro educativo para los niños de 6 a 14 años

A Marquat no le gusta trabajar en el supermercado. No es un trabajo cansado, pero se aburre mucho. A Marquat le gusta leer y estudiar.
Su padre no le entiende:
"¿Por qué lees todos esos libros cuando puedes trabajar y ganar dinero? Lo sé, eres muy buen estudiante..."

**cansado:** duro
**se aburre:** no se divierte, es monótono

Papá y mamá hablan a menudo de dinero. Trabajan mucho y ganan lo suficiente para la casa y la familia. Pero también mandan todos los meses un poco de dinero a su país de origen. Allí viven todavía sus padres. Mamá siempre dice que los abuelos necesitan ese dinero.
"¡Pobres abuelos!", piensa Marquat.

**1** **Lee las frases y di si son verdaderas o falsas.**

| | V | F |
|---|---|---|
| **1.** Hoy es el primer día de clase. | ❑ | ❑ |
| **2.** Las clases empiezan a las ocho. | ❑ | ❑ |
| **3.** El padre de Marquat trabaja en un supermercado. | ❑ | ❑ |
| **4.** Los abuelos viven en España. | ❑ | ❑ |
| **5.** A Marquat le gusta trabajar en el supermercado. | ❑ | ❑ |

**2** **Completa las frases con las preposiciones** *a, de, en.*

**1.** Marquat ayuda .................. casa.
**2.** El primer día ............... clase es muy importante.
**3.** Acompaña .............. sus hermanas al colegio.
**4.** Sus padres viven ............ España desde hace muchos años.
**5.** Ellos hablan a menudo ............... dinero.
**6.** Marquat también va .............. trabajar.

**3** **¿Qué palabra no tiene nada que ver con las demás?**

**1.** día • colegio • mes • año
**2.** padres • profesores • abuelos • hermanas
**3.** trabajar • estudiar • leer • escribir
**4.** su • sus • nuestros • aburrido

**4** **Escribe debajo de cada imagen la palabra correspondiente.**

**1.** la casa
**2.** el supermercado
**3.** el colegio
**4.** el instituto

..................................

..................................

..................................

..................................

Pero ahora Marquat quiere estudiar y después del instituto quiere ir a la universidad y trabajar.
Es duro estudiar y trabajar al mismo tiempo, pero él sabe que lo puede hacer.
Marquat aprende muy rápido, más que los demás.
Todos los profesores lo han dicho y uno de ellos, el de español le ha dicho:
"¡Si estudias puedes tener un gran futuro!"

En clase Marquat se sienta en la primera mesa. Es la única mesa que queda libre.
A sus compañeros no les gusta sentarse delante. ¡Están demasiado cerca del profesor! Prefieren sentarse en las últimas mesas.
Su compañero de mesa es bajo y lleva gafas. Marquat le dice: "Hola, soy yo..." Pero el otro se pone el dedo en la boca y dice: "Shhh..."
¡Está entrando la profesora!
La profe habla: presenta el programa del año, pasa lista y los chicos contestan. Dice el nombre de Marquat y todos lo miran porque su nombre es extranjero. Su compañero de mesa también lo mira con curiosidad y le pregunta: "¿Cómo te llamas?"
Pero sin esperar su respuesta, se echa a reír.

Al día siguiente Marquat se sienta otra vez en la primera mesa.
Pero está solo.
No hay nadie sentado a su lado.

**pasa lista:** dice los nombres de los alumnos
**profe:** forma coloquial de llamar a los profesores

## 1 1. Elige la respuesta correcta.

**1. Marquat quiere:**
- ❑ viajar
- ❑ estudiar
- ❑ jugar

**2. Todos los profesores dicen que es:**
- ❑ muy bueno
- ❑ muy aburrido
- ❑ muy solitario

**3. En clase Marquat se sienta:**
- ❑ en la primera mesa
- ❑ en la última mesa
- ❑ con una chica

**4. El nombre Marquat es:**
- ❑ español
- ❑ curioso
- ❑ extranjero

## 2 Elige y completa con el pronombre adecuado.

| *te • lo • le • él* |
|---|

**1.** ¿Cómo ............. llamas?

**2.** Su compañero de mesa .............. mira con curiosidad.

**3.** El profesor de español ............. ha dicho: "¡Puedes tener un gran futuro!"

**4.** Trabajar y estudiar al mismo tiempo es duro, pero ........... sabe que puede hacer..............

**3** **Completa las frases con los verbos** *querer, tener, poder,* **conjugados adecuadamente.**

**1.** Marquat ...................... estudiar porque le gusta mucho.
**2.** Todas las mañanas Marquat .................. que acompañar a sus hermanas al colegio.
**3.** Marquat .................. que ayudar a su madre en casa.
**4.** Nadie ................... sentarse en la primera mesa.
**5.** "¡..................... tener un gran futuro!" le dice el profesor a Marquat.
**6.** Es duro, pero él sabe que ............. hacerlo.

**4** **Relaciona cada adjetivo con su contrario.**

**1.** Rápido — **a.** lejos

**2.** Difícil — **b.** primero

**3.** Grande — **c.** lento

**4.** Cerca — **d.** fácil

**5.** Último — **e.** pequeño

# Alejandro

Los compañeros y las compañeras de Marquat no hablan mucho con él. Marquat se lo sabe todo, responde a todas las preguntas y siempre hace los deberes.
"Es un empollón", dice el chico bajito que estaba sentado a su lado el primer día de clase.
Dos chicas, Elena y Julia, hablan con Marquat de vez en cuando, pero él sólo responde "sí", "no", "quizá".
Marquat es muy tímido.
Pero también es verdad que habla poco porque cree que no cae bien a los demás.

**empollón:** alumno que siempre está estudiando
**no cae bien:** no parece simpático a los demás

"Tengo la piel negra", le dice a su madre. "Y además soy bueno en clase. Por eso no les caigo bien a mis compañeros..."
Su madre no entiende:
"¡Marquat, no seas tonto! Yo también soy de piel negra y tengo amigas. España está llena de gente de piel negra... Y, además, ser un buen estudiante no es nada malo."

**tonto:** poco inteligente

En clase Marquat sólo tiene un amigo. Se llama Alejandro. Pasan juntos el recreo y también vuelven juntos a casa. Viven en el mismo barrio.
Alejandro es un chico muy simpático y siempre está contento.
Marquat le dice:
"Tú caes bien a todo el mundo... todos te quieren."
Alejandro se ríe y contesta:
"Sí, pero... ¡no soy un buen estudiante!"
"¿Por qué no estudias?", pregunta Marquat.
"No sé... no soy capaz de estudiar lo suficiente."
Y después añade:
"Sin embargo tú estudias mucho,
¿verdad? Mucho, mucho..."

**recreo:** pausa, momento de descanso
**barrio:** zona de la ciudad

Marquat no contesta. Pero no sabe si estudia tanto. ¡Sólo sabe que siempre le falta tiempo para estudiar!
“Eres tan bueno en clase!”, afirma Alejandro. “Nadie es tan bueno como tú... en ninguna materia!”
“A mí... me gusta estudiar. Saber las cosas, conocer el mundo... ¡Es todo tan interesante! ¡Lo malo es que nunca tengo tiempo suficiente!”

## 1 Completa el resumen con estas palabras:

| |
|---|
| *amigo • gente • empollón • piel* |
| *nadie • tímido • simpático • estudiante* |

Los chicos no hablan con Marquat porque es un ................. y porque él tampoco habla con ....................... La verdad es que Marquat es muy ...................... A su madre le dice que sus compañeros no hablan con él porque tiene la ................ negra. En clase Marquat sólo tiene un ............................ , Alejandro. Alejandro es ......................... y cae muy bien a la ..................... , pero no es un buen ...................... .

## 2 Completa las frases con el presente de estos verbos:

*ser, hacer, responder, estudiar, pasar.*

**1.** Marquat .................. siempre los deberes y .................. a todas las preguntas del profesor.
**2.** Hoy yo no .................. porque mañana no hay clase.
**3.** Alejandro y Marquat .................. juntos el recreo.
**4.** Y tú, ¿ ............. un buen estudiante? No, no .......... buen estudiante.
**5.** Marquat .................. muy tímido.

## 3 Marquat conoce a Alejandro. Completa el diálogo.

A. ..........................................................................
M. Me llamo Marquat.

A. ..........................................................................

M. Soy de Barcelona.

A. ..........................................................................

M. Mis padres nacieron en África.

A. ..........................................................................

M. Tengo catorce años.

A. ..........................................................................

M. Lo que más me gusta es leer y estudiar.

**4** **Resuelve el crucigrama y descubre en las casillas sombreadas el adjetivo que falta para completar la frase.**

**1.** Marquat siempre hace los ...
**2.** Alejandro y Marquat son ...
**3.** Marquat nunca tiene ... suficiente.
**4.** Sus compañeros dicen que se lo sabe todo, que es un ...
**5.** Marquat está preocupado y habla con su ...
**6.** Alejandro cae bien pero no es un buen ...
**7.** Marquat y Alejandro viven en el mismo ...
**8.** Los dos pasan juntos eso
**9.** Poco inteligente.

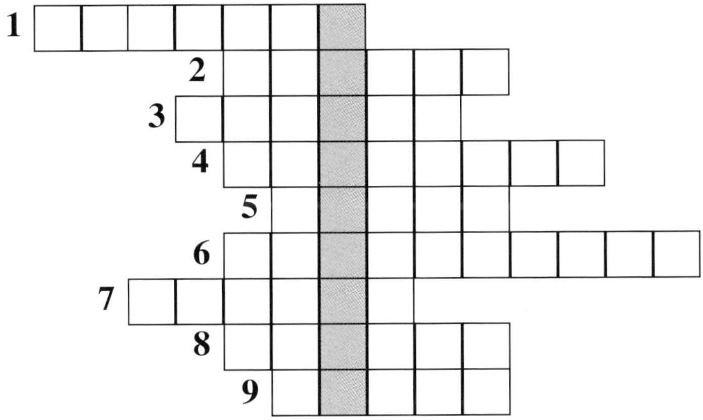


¡El profe de español es muy _ _ _ _ _ _ _ _ _ _ !

Es verdad. A Alejandro no le gusta estudiar. Le gusta escuchar música y leer libros de aventuras, pero las asignaturas del instituto le aburren mucho: inglés, biología, matemáticas...
Sólo le gusta la educación física.
Además este año, en el instituto, todo es mucho más difícil.
"Si suspendo", dice, "mis padres se enfadan y no me puedo ir de vacaciones..."
Para Marquat eso no es tan terrible.
Él nunca va a ningún sitio en verano.
Pero a Alejandro no le gusta quedarse en la ciudad.
"Barcelona es muy grande y hay demasiados coches", dice.

**le aburren:** no le divierten
**si suspendo:** si no supero los exámenes

Hoy vuelven a casa juntos. Alejandro acompaña a Marquat hasta su casa.

Alejandro ha sacado muy mala nota en inglés.

Está triste.

"A los 18 años", dice, "quiero ir a un país lejano, a África u Oceanía. Quiero trabajar aquí y allá y viajar, viajar, viajar...

No quiero ser como mis padres: casa, familia, trabajo...

No, yo no soy así. ¿Y tú, Marquat?"

"No", responde Marquat, "yo tampoco quiero tener la vida de mis padres. Pero no quiero viajar."

**nota:** calificación que dan en clase por un trabajo o un examen

"¿No quieres conocer tu tierra?", pregunta Alejandro.
"Mi tierra está aquí... mi tierra es España.
Para mí África es sólo un nombre en el mapa...", dice él.
"¡Ah!", exclama Alejandro con sorpresa. "¿No te sientes para nada africano?"

"No", afirma Marquat con decisión.
"Tengo la piel negra, pero soy español... ¡sólo español!"

**tierra:** (aquí) lugar de origen de cada uno
**con decisión:** seguro de sus palabras

Alejandro ve que Marquat está un poco enfadado. Entonces cambia de tema:
"¿Qué quieres ser de mayor, Marquat?", le pregunta Alejandro.
"Quiero hacer lo que me gusta... quiero un trabajo distinto del de mi madre o mi padre... Ellos sólo trabajan por el dinero.
Yo quiero amar mi trabajo."
Alejandro sonríe:
"Tú puedes tener el trabajo que quieras.
¡Eres bueno en todo!"

**enfadado:** disgustado, descontento

**1** **¿Qué les gusta hacer a Alejandro y a Marquat? ¡Escríbelo en la tabla!**

*estudiar • escuchar música • hacer gimnasia*
*leer libros de biología • leer libros de aventuras*
*aprender muchas cosas*

| Alejandro | Marquat |
|---|---|
| ................................... | ................................... |
| ................................... | ................................... |
| ................................... | ................................... |
| ................................... | ................................... |

**2** **Y a ti, ¿qué te gusta hacer?**

- ☐ leer
- ☐ estudiar
- ☐ escuchar música
- ☐ jugar con el ordenador
- ☐ ver la televisión
- ☐ salir con los amigos
- ☐ viajar
- ☐ hacer deporte

**Dales un voto de 1 a 5 a cada una de estas actividades: 5 para las que más te gusten y 1 para las que menos.**

**3** **Completa las frases con** *mi, mis, tu, tus, su, sus.*

"Si suspendo, ............. padres se enfadan y no me puedo ir de vacaciones", dice Alejandro. Luego acompaña a Marquat hasta ................. casa.

Marquat acompaña siempre a ................. hermanas al colegio porque ................. padres están trabajando.

"¿No quieres ver a .......... abuelos? ¿No quieres conocer ......... tierra?", pregunta Alejandro. Y Marquat, un poco enfadado le responde: "África es la tierra de ............. padres, pero ............ tierra es España."

**4** **Alejandro y Marquat quieren tener una vida diferente de la de sus padres.**

**¿Y tú? ¿Qué quieres ser de mayor?**

.......................................................................................................

.......................................................................................................

.......................................................................................................

.......................................................................................................

.......................................................................................................

.......................................................................................................

.......................................................................................................

.......................................................................................................

# En la discoteca

¡La vida de Marquat no es fácil!

Se levanta a las seis; sus padres se van a trabajar a las seis y cuarto.

Primero prepara el desayuno de sus hermanas.

Después las ayuda a lavarse y a vestirse.

Luego las acompaña al colegio.

A las ocho está en el instituto; las clases empiezan a las ocho y diez.

A la una y media vuelve a casa y se prepara la comida. Estudia un poco y después va a recoger a sus hermanas. Se queda con ellas una hora en el parque, así pueden jugar un rato. Luego hace los deberes hasta la hora de la cena.

**se queda con ellas:** está con ellas

A veces, el sábado va a trabajar al supermercado donde trabaja su padre. La verdad es que tiene muy poco tiempo para ver a sus amigos.

El 4 de febrero es el cumpleaños de Alejandro.
Todos los compañeros de la clase van a la discoteca a celebrarlo.
Marquat no quiere ir. Es muy tímido y nunca ha estado en una discoteca.
Alejandro sabe que Marquat es tímido y lo anima:
"¡Venga, ven! ¡Olvídate del trabajo y vamos divertirnos!"
E insiste: "¡Ya está bien! ¡Vienes con nosotros, bailas y te diviertes!"
Al final Marquat dice:
"De acuerdo, voy."

**venga:** expresión para animar a alguien a hacer algo
**insiste:** repite, vuelve a decir con más fuerza

**1** **¿Cómo es la jornada habitual de Marquat?**

6.00

7.30

...........................................................

sale de casa y acompaña a...............

...........................................................

8.00

13.30

...........................................................

sale del ..............................................

...........................................................

14.00

16.00

...........................................................

va a recoger a ....................................

...........................................................

17.00

20.00

...........................................................

...........................................................

...........................................................

**2** **Elige los artículos correctos para cada sustantivo.**

| | | | | |
|---|---|---|---|---|
| **1.** trabajo | ❑ la | ❑ el | ❑ un | ❑ unos |
| **2.** fiesta | ❑ un | ❑ la | ❑ las | ❑ una |
| **3.** cumpleaños | ❑ unos | ❑ un | ❑ el | ❑ los |
| **4** deberes | ❑ los | ❑ el | ❑ unos | ❑ un |
| **5.** vida | ❑ el | ❑ la | ❑ una | ❑ un |

**3** **Completa las series con las palabras correspondientes.**

**1.** ......................, ......................., miércoles, jueves,
...................... ,......................., ...........................
(los días de la semana)

**2.** la madre, el padre, el ......................., la........................
el......................, la..................... (la famillia)

**3.** el desayuno, la ............................, la ........................,
la .......................... (las comidas del día)

**4.** los c..................., los p................................,
las cl ................... , los deberes (el colegio)

**4** **¿Cómo es tu jornada habitual? Sigue el horario de Marquat y descríbela.**

*Ejemplo: A las 7.00 me levanto.*

..............................................................................

..............................................................................

..............................................................................

..............................................................................

..............................................................................

..............................................................................

La fiesta en la discoteca es el sábado por la tarde. La discoteca es pequeña pero bonita. Marquat llega a las cinco. Sus hermanas están en casa de un primo. Tiene que ir a recogerlas a las siete. Tiene dos horas libres para divertirse.
Cuando llega ya hay mucha gente. En la discoteca hay muy poca luz y no puede ver a Alejandro.
Están todos sus compañeros de clase y más gente que él no conoce.
Marquat se acerca a la pista: ¡Ahí está Alejandro!
Está bailando "Gloria", una canción de los años 80.

**pista:** (aquí) lugar donde se baila en la discoteca

Alejandro acaba de ver a Marquat. Deja de bailar y se dirige hacia él: "¡Marquat!", exclama. ¡Por fin!"
Marquat dice: "¡Feliz cumpleaños, Alejandro!"
Pero Alejandro no lo oye. Dos chicas se le acercan.
Una le habla al oído.
Alejandro la escucha, mira a Marquat y ríe.
La chica también ríe.

"¿Qué están diciendo?", se pregunta Marquat. "¿Por qué ríen? ¿Se ríen de mí?"

"Ven a bailar, Marquat", dice Alejandro.

"No sé bailar, Alejandro", responde él.

De repente oye una voz por detrás que dice:

"Todos los negros saben bailar..."

**de repente:** inesperadamente, sin esperarlo

Marquat se da la vuelta: hay cuatro chicos. Llevan la cabeza rapada y botas de cuero. Nadie usa esa palabra, “negro”. Es fea. Es ofensiva.
Los chicos miran a Marquat fijamente.
Uno de ellos saluda a Alejandro: “Hola Alex, ¿qué tal va todo?”, pregunta.
“Genial”, responde Alejandro.
“Entonces, negro, ¿bailas o no?”, insiste uno de los chicos.

**rapada:** afeitada, sin un solo pelo
**cuero:** piel muy resistente y fuerte

## ACTIVIDADES

**1** **Responde a las siguientes preguntas.**

**1.** ¿Qué día es la fiesta? ........................................................
**2.** ¿Dónde es? ........................................................................
**3.** ¿A qué hora llega Marquat? ................................................
**4.** ¿Qué canción están bailando en la discoteca? ....................
**5.** ¿Cómo son los cuatro chicos? .............................................
**6.** ¿Por qué Marquat no quiere bailar? ....................................

**2** **Busca en la sopa de letras las palabras de la lista. Con las letras que te sobran puedes completar la frase.**

| | | | |
|---|---|---|---|
| bailar | botas | canción | chicas |
| cinco | cuatro | discoteca | oído |
| palabra | primo | sábado | siete |

| | | | | | | | | |
|---|---|---|---|---|---|---|---|---|
| D | A | L | B | A | I | L | A | R |
| I | C | E | O | I | D | O | P | G |
| S | I | E | T | E | U | S | R | C |
| C | N | T | A | A | E | S | I | H |
| O | C | C | S | U | C | H | M | I |
| T | O | C | U | A | T | R | O | C |
| E | A | S | A | B | A | D | O | A |
| C | C | A | N | C | I | O | N | S |
| A | R | P | A | L | A | B | R | A |

_ Alejandro _ _    _ _ _ _ _
_ _ _ _ _ _ _ _ música y bailar.

**3** **Relaciona las frases con el dibujo correspondiente.**

**1.** ☐ Las chicas y Alejandro ríen.
**2.** ☐ Alejandro baila.
**3.** ☐ Alejandro habla.
**4.** ☐ Alejandro escucha.
**5.** ☐ Un chico saluda a Alejandro.

**4** **Y tú**

**1.** ¿Sabes bailar? ..........................................................

**2.** ¿Vas a la discoteca? ................................................

**3.** ¿Vas a fiestas? ........................................................

**4.** ¿Cuándo es tu cumpleaños? ......................................

**5.** ¿Haces una fiesta el día de tu cumpleaños? ...............

Si no, ¿qué haces? ......................................................

Alejandro interviene:
"Chicos, va todo bien. Marquat viene ahora a bailar conmigo.
No quiero problemas. Ésta es mi fiesta..."
Uno de los cuatro chicos dice:
"Vamos a tomar una cerveza..."
Marquat ahora se quiere ir a casa.
Pero Alejandro insiste:
"¡Venga, ven a bailar!"

Marquat sigue a su amigo hasta la pista.
Alejandro baila bien, muy bien.
Pero Marquat no se mueve. Su amigo lo observa:
"¡Venga, anímate... Marquat!, exclama. "Mira mis pies... mira mis manos..."
Marquat da algunos pasos.
"Mira, se hace así", continúa Alejandro.
"Sigue la música, el ritmo..."

**da algunos pasos:** (aquí) mueve los pies para bailar

Pero Marquat no sabe seguir el ritmo, no entiende la música: ¡no sabe bailar!
"Parezco un oso bailando", dice, y deja la pista.
Alejandro se va con él.
Está decepcionado:
"¿Pero por qué no sabes bailar? ¡Tú eres africano!", exclama.

**no entiende la música:** no entiende su ritmo o su significado

**decepcionado:** descontento, insatisfecho

¡Y entonces Marquat lo entiendo todo!
"Tú crees...", dice, "que tengo que bailar bien porque tengo la piel negra, porque mis padres nacieron en África y allí todos bailan, porque los negros tienen la música en la sangre..."
Ahora es Marquat el que está decepcionado.
Y piensa: "Alejandro es como todos los demás."
Sale de la discoteca y Alejandro lo sigue, quiere hablar con él.
Pero los cuatro chicos con la cabeza rapada también lo están siguiendo.

**tienen la música en la sangre:** llevan el ritmo en la piel

**1** **¿Qué ocurre? Pon en orden los hechos.**

- [ ] Marquat sale de la discoteca.
- [ ] Alejandro baila muy bien.
- [ ] Marquat baila pero no sigue el ritmo de la música.
- [1] Los chicos van a tomar una cerveza.
- [ ] Los chicos siguen a Marquat y a Alejandro.
- [ ] Alejandro lo sigue.

**2** **Coloca en el lugar correspondiente las siguientes partes del cuerpo.**

*pelo • ojo • pies • mano • dedo • nariz*

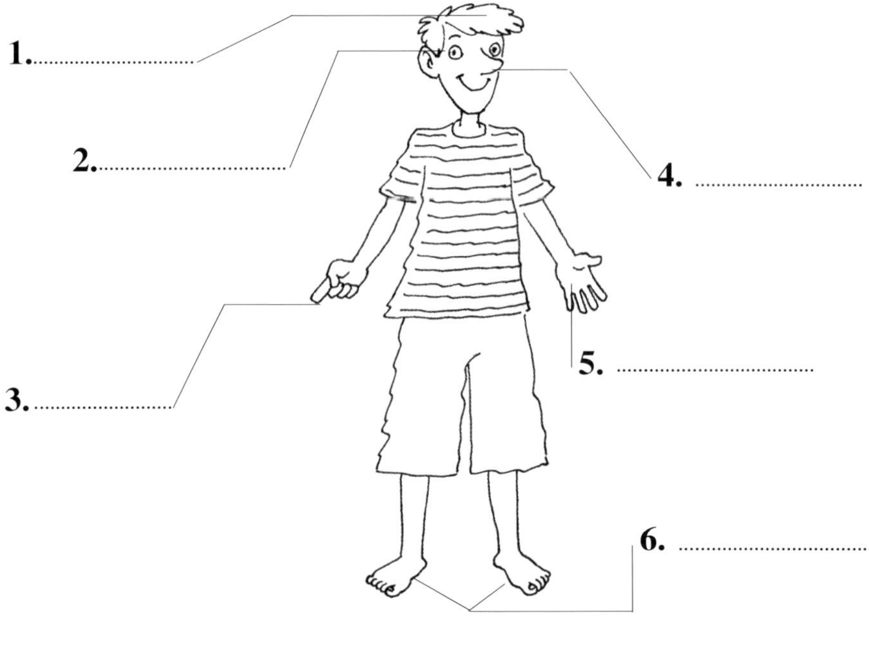

**3** **Escribe la 2ª persona sigular del imperativo de los siguientes verbos:**

*Ejemplo: venir ................ ¡Ven!*

**1.** ir ..........................
**2.** bailar ..........................
**3.** beber ..........................
**4.** mirar ..........................
**5.** seguir ..........................
**6.** oír ..........................

**4** **Alejandro y sus amigos escuchan música de discoteca. Y a ti, ¿qué tipo de música te gusta escuchar?**

..................................................................................................

..................................................................................................

..................................................................................................

..................................................................................................

**Ahora, escribe el título de las canciones españolas que conoces.**

..................................................................................................

..................................................................................................

..................................................................................................

..................................................................................................

# Amigos

Son sólo las seis de la tarde pero ya no hay luz. En febrero los días son todavía muy cortos.
Marquat va a la parada del autobús. Alejandro lo llama:
"¡Marquat! ¡Marquat, párate!", le grita.
Marquat lo oye, pero sigue caminando. Está enfadado y decepcionado. Alejandro se acerca y empieza a hablar:
"Perdóname, Marquat", dice, "yo... soy un tonto. ¡Lo siento muchísimo!"
Marquat no habla.

**los días son muy cortos:** se hace de noche muy pronto, al contrario de lo que ocurre en verano.

“Perdóname pero...”, continúa Alejandro, “... cuando están las chicas, a veces me comporto de una forma estúpida.
No sé por qué digo o hago ciertas cosas... A lo mejor porque me quiero hacer el interesante.”
Marquat entiende lo que quiere decir su amigo:
“De acuerdo, Alejandro”, responde, “¡he entendido!”
“¿Hacemos las paces?”, pregunta Alejandro.
Marquat sonríe. Ya no está enfadado.
“¡De acuerdo, hacemos las paces!”

**me comporto:** actúo, reacciono

Pero de la oscuridad salen los chicos de la discoteca.
"Entonces, negro", grita uno de ellos, "¿ya sabes bailar?"
¡Otra vez esa palabra! Marquat se da la vuelta inmediatamente.
Ante él están los cuatro chicos.
Lo miran y se ríen de él con maldad.
Marquat quiere escapar pero lo detienen.
"¡Ahora te vamos a dar una buena lección, negro!
¡Pero no una lección de baile!", grita uno que se llama Carlos.

**oscuridad:** donde no hay luz
**con maldad:** con malas intenciones

Alejandro interviene:
"Chicos", dice, "vamos, dejadlo tranquilo. Es un amigo mío..."
"¿Amigo tuyo?", grita uno de ellos. "¿Tú tienes amigos negros?"
"¡Lárgate de aquí!", le grita otro a Alejandro.
Alejandro no se mueve.
Marquat mira a los chicos.
Los cuatro son altos y fuertes.
Aunque Alejandro se quede, no puede hacer nada.
"¡Venga, Alejandro, vete de aquí!", le dice también él.
Alejandro duda, pero al final sale corriendo.

**lárgate:** vete
**se quede:** (aquí) permanezca con él para ayudarle
**duda:** no está seguro
**sale corriendo:** escapa

## 1 Indica la respuesta correcta.

**1. Ya no hay luz porque**
- ❑ son las cuatro de la tarde
- ❑ es muy tarde
- ❑ es febrero

**2. Marquat va**
- ❑ al supermercado
- ❑ al cine
- ❑ a la parada del autobús

**3. Alejandro**
- ❑ habla con Marquat
- ❑ acompaña a Marquat hasta su casa
- ❑ se va con los chicos de la cabeza rapada

**4. Los cuatro chicos quieren**
- ❑ hablar con Marquat
- ❑ molestar a Marquat
- ❑ hablar con Alejandro

**5. Alejandro**
- ❑ escapa
- ❑ ayuda a Marquat
- ❑ se queda mirando

**6. Los chicos son**
- ❑ pequeños
- ❑ altos y fuertes
- ❑ buenos

## 2 Relaciona las frases

**1.** Alejandro se acerca

**2.** No sé

**3.** Marquat lo oye

**4.** Cuando están las chicas

**a.** a veces me comporto de una forma estúpida.

**b.** y empieza a hablar con Marquat

**c.** por qué digo o hago ciertas cosas.

**d.** pero sigue caminando.

**3** **Completa las frases con el adjetivo correspondiente.**

| |
|---|
| *enfadado • cortos • altos, fuertes • buena • estúpida • tonto* |

**1.** Alejandro dice: "Perdóname Marquat.
Soy un ........................ Cuando están las chicas, a veces me comporto de una forma ..............................."
**2.** En febrero los días son todavía muy ...........................
**3.** Marquat sonríe. Ya no está .......................
**4.** Los chicos son ................... y ........................
**5.** ¡Ahora te vamos a dar una .......................... lección!

**4** **Ahora haz un resumen de lo que ha ocurrido usando estas palabras:**
*parada del autobús, escapar, chicos, de repente, oscuridad, ayudar, luz, amigo, discoteca, lección.*

Marquat sale ...........................................................................

...........................................................................................

...........................................................................................

...........................................................................................

...........................................................................................

...........................................................................................

...........................................................................................

...........................................................................................

Marquat ahora está solo en la calle oscura. No sabe por qué, pero no tiene miedo.

Los chicos siguen hablando. Le dicen:

"¡Negro, vete a tu casa, a África!"

Después uno le da un empujón. Marquat cae al suelo.

Otro le da un golpe.

Él se levanta y golpea a uno de los chicos, pero después lo tiran otra vez al suelo.

Los cuatro están encima de él.

**empujón:** golpe que te puede hacer caer al suelo

**golpea:** da un golpe, toca con fuerza con el pie o la mano

Pero, de repente, se oyen unos pasos. Viene gente.
Alejandro corre hacia ellos. Junto a él hay un montón de chicos y chicas. Son los compañeros de clase de Marquat.
Todos vienen a ayudarle. Los chicos con la cabeza rapada se van corriendo.
Marquat todavía está en el suelo.
Alejandro le ayuda y Marquat se levanta.
"¿Estás bien?", le pregunta Alejandro.
"Sí, estoy bien", responde Marquat. "Gracias."

"¿Para qué sirven los amigos?", dice Alejandro mientras le da un gran abrazo.
"Tienes sangre en la cara", dice.
"No es nada...", responde Marquat.
El autobús pasa en ese momento. Marquat mira el reloj.
Son las siete menos cuarto.
"¡Es tarde!", exclama. "Nos vemos mañana."
Marquat sube al autobús.

**abrazo:** gesto de cariño y de amistad que se hace con los brazos

Desde aquel día la vida de Marquat en el instituto ha cambiado. Ahora tiene muchos amigos y habla con todos ellos. Habla de las cosas que siente, de sus problemas. Ahora sabe que las personas como Alejandro no lo ven como "un extranjero" sino que lo consideran... "¡un amigo especial!".

**lo consideran:** piensan que es

**1** **¿Verdadero o falso?**

| | V | F |
|---|---|---|
| **1.** Los chicos quieren golpear a Marquat. | ❑ | ❑ |
| **2.** Marquat se defiende. | ❑ | ❑ |
| **3.** Alejandro se queda mirando. | ❑ | ❑ |
| **4.** Los compañeros de Marquat le ayudan. | ❑ | ❑ |
| **5.** Marquat vuelve a casa en coche. | ❑ | ❑ |
| **6.** Desde entonces Marquat es más feliz. | ❑ | ❑ |

**2** **¿Cuál es la pregunta?**

*Ejemplo:* Marquat está en una calle oscura.
*¿Dónde está Marquat?*

**1.** No, no tiene miedo.

..............................................................................................

**2.** Sus compañeros de clase le ayudan.

..............................................................................................

**3.** Son las siete menos cuarto.

..............................................................................................

**4.** Tiene sangre en la cara.

..............................................................................................

**3** **Escribe los lugares con las preposiciones correspondientes.**

*Ejemplo:* El sábado todos bailan *en la discoteca*.

**1.** Marquat y Alejandro estudian ..........................................

**2.** El padre de Marquat trabaja ............................................

**3.** Los abuelos de Marquat viven ........................................

**4.** Marquat acompaña a su hermana más pequeña ................ ........................ y a su otra hermana ................................

**4** **Ahora conoces la historia de Marquat. ¿Puedes contar tú una historia parecida a la suya de algún chico o alguna chica que viva en tu ciudad?**

...........................................................................................

...........................................................................................

...........................................................................................

...........................................................................................

...........................................................................................

...........................................................................................

...........................................................................................

...........................................................................................

...........................................................................................

...........................................................................................

# Notas

# Notas